Le mie poesie

poesie, Volume 0

Barbara De Faveri

Published by Barbara De Faveri, 2024.

LE MIE POESIE

First edition. August 1, 2024.

ISBN: 979-8227508430

Written by Barbara De Faveri.

Le mie poesie
Prefazione:

Poesie ispirate alla quotidianità,ai momenti più o meno felici della mia vita,la nascita di un amore o la fine.

La perdita di una persona cara e anche del mio cane che ricorderò sempre con molto amore.

Poesie dedicate a persone,stagioni o periodi, ogni cosa ch ho scritto è dedicata a quel momento preciso

prendevo una penna il mio taccuino e scrivevo, ho sempre amato farlo,le emozioni in qualche modo bisogna esprimerle e io le esprimevo e le esprimo nella scrittura poetica se vogliamo.

Buona lettura.

Amore ti amo

Amore ti ho conosciuto in un giorno d'estate. Sei stato un raggio di sole nella tempesta.

Sei un raggio di sole che irradia tutto ciò che incontra.

Ti amo perché è tutto ciò che voglio.

Ti amo perché non potrei vivere senza di te.

Amore ringrazio il cielo per avermi dato te, ringrazio te per amarmi e sopportarmi.

Amore grazie per stare con una come me.

18 luglio

Ripenso a quella notte.
Ci penso ancora, giochi di sguardi, di battute.
Ripenso a ciò che mi dicesti in quella via vicino ad un pozzo.
Ripenso a quanto eri bello.
Ripenso a quel si che riecheggia ancora nei miei ricordi.
Ripenso a quanto eri contento della mia risposta.

Ti amo tanto che...

Ti amo tanto che...
a pensarci bene mi manca il fiato.
Ti amo tanto che...
il mio cuore batte all'impazzata.
Ti amo tanto che...
mi sciolgo quando ti guardo.
Ti amo tanto che... non potrei non averti.

Ti amo così

Ti amo così intensamente che il cuore mi batte forte che non riesco a farlo smettere.
Ti amo così tanto che nemmeno le stelle, i pianeti non possono fartelo immaginare.
Ti amo così meravigliosa creatura perché mi hai dato la voglia di amare di nuovo.

Amore d'estate

Aria di sale, ombre lunghe sulla spiaggia, tu con il tuo sorriso contagioso.

Tu con i tuoi occhi verdi mi hai, contagiato e così non mi sono più ripresa, da quel 18 luglio non mi sono più ripresa grazie a te amore che ancora.

Oggi mi ami e mi proteggi con il tuo corpo e mi scaldi quando ho freddo e quando sono triste, trovi il modo di ridarmi il sorriso.

Canto d'amore

Nei tuoi occhi rispecchia la mia anima.
Ti vedo, sento che sei accanto a me, sei con me.
Mi scaldi il cuore con le tue parole dolci, tu mi sciogli come un
ghiacciolo.
Il mio carattere freddo si riscalda quando ti vedo, il tuo cuore e così
limpido, come l'acqua che riflette.
Il nostro amore,i nostri cuori sono un unico cuore immenso.
Questo è il mio canto d'amore.
Il mio rifugio nei momenti bui, nei momenti brutti so che ci sei e so
affrontare la vita.

Le pagine del cuore

Sfogliando le pagine del mio cuore ne trovo una colma d'amore per te.

Decido di riempirne un'altra per scrivere i miei sogni,speranze,gioie che trascorro e trascorrerò con te.

Immergo la penna nel cuore e scrivo con l'inchiostro rosso d'amore e di passione.

Un'infinità di Sogni,speranza, gioie sono le parole che ti parleranno di me.

Quando vorrai leggerle, saranno così limpide e chiare che solo tu riuscirai a vederle e nessun altro.

Le mie pagine del cuore sono solo nostre.

Faro

Oh faro, tu che illumini la via, aiuti le navi ad arrivare a costa.
Quante ne hai viste, mare calmo, mare in tempesta.
Navi incagliate e dimenticate. Oh faro, vorrei essere come te:
Immobile!

Ogni cosa respira di te

Ti amo come il mare ama la sabbia, poiché essa raccoglie l'acqua e i suoi abitanti.

Ti amo come il sole ama la luna,questa segue il suo eterno amore.

Ti amo come le stelle amano la terra pronte a risplendere su di lei.

Ti amo come il mare, il sole, le stelle amano la sabbia, la luna, la terra, poiché il tuo volto brilla di luce propria.

Spero che questa luce sia solo per me. Ogni cosa di quest'universo respira di te.

20 anni fa...

Nacque un bambino, con gli occhi blu, sorrideva.
Il bambino divenne grande, amò, Liga, Vasco e forse me.
Un giorno volle provare a fumare, ma col tempo non gli bastò più.
Morì sui gradini di una chiesa, era bellissimo, lo dicevano tutti.
Poteva essere felice, ma la droga...
...questo non lo sapeva!

Non dimenticarti

Non dimenticarti mai che esiste: Il giorno e la notte.
Il sole e la luna.
Non dimenticarti mai delle vittorie e delle sconfitte.
Non dimenticarti mai di amare con il cuore senza falsi sentimenti,
soprattutto di essere sempre te stesso.
Non dimenticarti di me, degli amici e nemici.
Ricorda dei momenti felici e soprattutto quelli tristi.
Ricorda di guardare sempre avanti. Ricorda di non vivere solo di
ricordi.
Ricordati delle persone che ti vogliono bene e di vivere tutto quello
che si può vivere.
Ricordati soprattutto di amare.
"NON DIMENTICARTI MAI CHE TI VOGLIO BENE!!!"

Mio nonno

Mio nonno era buono. Mio nonno era uomo.
Mio nonno con la sua risata contagiava tutti.
Mio nonno un combattente nato.
Un giorno quell'uomo se ne andò per sempre. La sua risata me la
ricorderò per sempre.
Ciao nonno!

Rosa

Tu che sei una meravigliosa rosa, unica, preziosa, senza spine.
Sei dolce e speciale perché sei fatta della sostanza dei sogni miei.

Come dirti ti amo

Le persone non sanno dire ti amo, quel sentimento tanto puro fa paura.
Non è come l'amicizia che si regala, un ti amo è come una porta semi chiusa.
Dire ti amo a una persona, spaventa inquieta.
Ci sono tanti modi per dire ti amo. Trovare il modo giusto è il problema.
Così lo scrivo su questa poesia, sperando che tu lo accolga, lo capisca.

Sei

Sei una stella che brilla.
Sei una stella che abbaglia.
Sei la mia unica stella, la mia amica fidata.
Sei lassù che brilli, di una luce luminosa, profonda, unica.
Sei una guida.
Ogni volta che perdo la strada.

Amare

Amare è come aprire gl'occhi per la prima volta.
Amare è come scoprire una stagione per la prima volta, la stagione dell'amore.
L'amore è un sentimento che cresce, ora dopo ora, giorno dopo giorno, come la furia di un tornado, come tale può finire all'improvviso.

Soffio d'aria

Il tuo cuore ho sfiorato, avendoti amato.
Per te era un soffio d'aria per me una travolgente bufera, poi come
una foglia secca, mi hai calpestata.
Ed ora come una foglia secca giaccio, frantumata, pensando al tuo
perduto amore.

Pensiero

*Sei il mio primo pensiero quando mi alzo al mattino, l'ultimo
quando mi addormento alla sera.
Entri in punta di piedi nei miei sogni come un angelo.*

Amore mio

Ti ho conosciuto molto tempo fa, ora sei tu che riscaldi il cuore.
Sei come una tempesta piacevole.
Più ti guardo più ti amo.
Più ci sei più mi sento forte.
Sei unico amore mio.

Amore finito

L'amore quando finisce?
Nessuno ha il coraggio di lasciarsi per paura.
È come una lama tagliente che ti trafigge il cuore.
I ricordi di quella storia tutti stampati come un film nella testa.
Non ti lasciamo dormire, sognare, vivere.
Cerchi di svagarti ma non ci si può svagare perché tutto ti ricorda
quell'amore perso.
L'unico svago per la fine di una storia è innamorarsi di nuovo
allora solo cosi ritorni a vivere.

Una stella

C'è una stella che brilla.
C'è una stella che non si spegne mai.

C'è una stella che ci accompagnerà sempre. C'è una stella che non ci abbandonerà mai. Quella stella è tutto ciò per dirti che ...

Ti amo stella mia.

Estate

Caldo, afoso.
Voglia di fresco di mare.
Voglia di fresco, di fiumi di montagna.
Voglia di respirare l'estate.
Voglia di giocare.
Sento le persone ridere, creano castelli di sabbia, gite nei boschi.
Questa è l'estate la libertà.

Ci sono

Ci sono le stelle in cielo che parlano di noi, sanno quanto ci amiamo. la gente qui giù non può capire ma l'universo lo può percepire.

Guerra

*Non c'è distinzione, bianco o nero, la guerra prende e non si può
fare a meno di essere colpiti, con pistole, bombe o mitragliatrici.
Bambini soldato portati a far la guerra e tolta l'innocenza di
creature innocenti.
Città in assedio, paura nei volti di chi con i loro occhi chiedono
aiuto a chi avvolte aiuto non da tutto questo si chiama guerra per
uomini che hanno e vogliono sempre più.*

Amo

*T'amo amante v'amo come il mare ama la sabbia come la luna il
sole.
V'amo e amandoti muoio manca l'aria non sentirti, vederti.
T'amo e amandoti, il mio cuore si colma, d'amore eterno,
profondo, dolce e intenso.*

Fiocco

*Maltese di un bianco candido come la neve, dolce ubbidiente e
giocoso.*
Cucciolo insostituibile.
Caro amico inseparabile, l'unico che non tradisce mai.
D'ovunque tu sia sarai sempre nel cuore di chi ti ha amato tanto.

Dolce sogno

Quando dormi sembri...
una bimba in preda hai bellissimi sogni.
Quando dormi sembri...
la bella addormentata con i suoi dolcissimi sogni, perché sei tu un
dolcissimo sogno.

Un uomo

L'uomo ha dei sentimenti.
L'uomo può avere dei privilegi. L'uomo può avere pregi e difetti.
L'uomo può amare o odiare.
L'uomo è una persona che pensa.
L'uomo non può essere una macchina.
L'uomo è un mistero!

Il mio pensiero

Sei il mio primo pensiero quando mi alzo al mattino.
L'ultimo quando mi addormento alla sera.
Entri in punta di piedi nei miei sogni come un angelo.
Mi tranquillizzi il cuore, gli incubi svaniscono e con te c'è sempre il
sereno.

Musica

La musica è come me: Cambia, muta, dolce, cattiva.
La musica è un susseguirsi di melodie tutte diverse.
Ascoltarla ti rilassa, ti riempie di felicità.
La musica è vita.
E' speranza.
La musica è melodica.
La musica c'è!
E dentro in ognuno di noi.

Un giorno di pioggia

Oggi un giorno di pioggia.
Il tempo è come me, cupo, triste, rispecchia ciò che sento.
Ho perso l'amore da poco, non l'amo più.
Sono qui seduta nel letto, spero che mi perdonerà un giorno.
Soprattutto, che trovi una persona che lo ami e che voglia una
famiglia.

Bimba

Bimba bruna, nulla mi avvicina a te.
Tutto di te mi allontana. Sei la delirante gioventù.
L'ebbrezza dell'onda, la forza del mare.
Dove a te il mare porta consiglio ad altri porta delusione.

Buio

Nel buio io mi trovo.
Nel buio la gente mi passa accanto e non mi vede, mi sfiora e non
mi sente.
Nel buio mi sento sola. Sento i giorni passare.
I mesi scorrere lentamente e gli anni avanzare.
Io, invecchiare sola, sola al mondo.

Figlio mio

Figlio mio sarai desiderato.

Figlio mio sarai amato. Figlio mio sarai cullato. Figlio mio sarai coccolato.

Figlio mio ti sarà insegnato ad amare ed essere amato. Figlio mio nascerai dall'amore di mamma e papà.

Mia madre

*Lei è come le fatine delle fiabe. Lei è un punto di riferimento.
Lei si chiama Sandra ed è mia madre. Lei è tutto ciò che si possa
desiderare.
Lei è mia madre.*

Terra

Sei linfa vitale per noi umani.
Sei ossigeno per i nostri polmoni.
Noi ti sporchiamo.
Inquiniamo.
Ti facciamo morire.
Tu ci dai cibo per sopravvivere. Tu ci dai acqua per dissetarci.
Tu ci hai dato città e paesaggi da visitare.
Noi umani cosa ti doniamo in cambio?
Spazzatura!

Gabbiano

Tu gabbiano che sfiori il cielo e il mare con tanta grazia e ti guardo.
Vedo un uccello.
Sei tu gabbiano, che sorvoli i cieli di città di mare e mi chiedo quante avventure hai superato?
Quanti viaggi vorrai fare?
Mentre io sono quì ferma, a far la solita vita tra mare e montagna che conosco bene.
E tu che conosci luoghi che io non ho mai visto, ciao bel gabbiano.

Vivo nei sogni

Vivo nei sogni di chi mi vuole.
Vivo nei sogni di chi mi ama, bussando alla porta, sperando di
essere accettata.
Vivo nei sogni delle persone che mi conoscono, non sono regina ma
una semplice fatina.
Vivo nei tuoi sogni, sperando di scacciare g l'incubi che tu possa
dormir sereno.
Non sono la tua regina ma la tua fatina.

Amico mio

Amico mio io ci sono.
Amico mio, non chiuderti nel tuo mondo io per te ci sono.
Amico mio, sei forte, altruista non pensar sempre a chi ferisci
perché chi ferirà te, non ci penserà mai.
Sei il mio angelo coraggioso, apri il tuo cuore solo a chi aprirà il
suo, solo così non sarai mai ferito.
Ti voglio bene amico mio!

Mi sveglio

Mi sveglio e tu non ci sei.
Mi sveglio e non ci sei, letto vuoto.
Mi chiedo dove sei, cosa fai? Rispondo da sola non ci sei.
Questo distacco lo stiamo superando.
Siamo una cosa sola, inseparabili amanti, amici fidati mio amore
fedele.
Ti amo e niente cambierà questo.

La vita

La mia vita è una corsa ad ostacoli.
Non sai mai quando finisce un ostacolo, che subito ne inizia un
altro.
La vita è così, con i suoi perché, i suoi ma.
E poi ci sono io, una ragazza che viene scagliata fuori, da una
macchina in corsa.
Questa è la vita.

Amicizia

L'amicizia può essere...
...Positiva o negativa.
L'amicizia può darti...
...Sofferenze o felicità.
L'amicizia è un ancora di salvezza. Senza questa ancora si và a fondo.

Arriva Natale

Cade la neve.
Le città si illuminano di colori.
Le piazze, le case tutte colorate. Iniziano i preparativi mesi prima.
Poi, si pensa a chi soffre per una scomparsa di un proprio caro, chi per un diverbio e chi entrambi.
Queste feste le vivono i bambini, aspettano con ansia, Babbo Natale che porta loro i regali in una sola notte.

Mi hai stracciato il cuore

Io ti amavo, anzi ti amo ...
Tu mi hai lasciato qui come niente, io continuo ad essere curioso
della tua vita, ti chiamo sempre ma non parlo mai, ascolto la tua
voce meravigliosa.
Mi innamoro sempre più, ora non so più che fare, ma di te sto
male.
Sei la mia vita, muoio per te.
Tu invece non ti importa, mi hai lasciato come una cosa vecchia,
mi hai dimenticato come pochi.
Ti amo e morirò amandoti.

Il caos

Nel mio mondo c'è musica, vita, speranza.
Nella mia testa regna il caos.
Il testo di una canzone non trovo.
Io ci provo!

Silenzi

Altro non odo da te, che di parole nemmeno un suono.
Basterebbe un tuo sguardo, a dire tutto ciò che le mie orecchie,
vorrebbero sentire.
Questo non accadrà mai.
Tu sei il nulla.

Ghiaccio

Io sono come un iceberg, ghiaccio perenne. Io sono come l'inverno
che non scompare mai.
Io sono come l'acqua ghiacciata che non si scalda mai.
Io sono l'eterno ghiaccio.

Brindisi

Sole, vita, tranquillità.
Il mare è azzurro, tonalità abbagliante.
Grotte fantastiche, gente cordiale e vitale.
Tutto questo si chiama Brindisi!

Pasqua

Pasqua: Grande festa.
Si colora di pace e di colombe, una grande famiglia. I più piccoli
vogliono aprire l'uovo per la sorpresa.
I più grandi si rimpinzano di colomba, attorno ad amici e parenti.
C'è aria di festa.
Pasqua una gran festa.

Vorrei

Vorrei poter...
...essere pioggia per bagnare il tuo corpo.
Vorrei poter...
...essere sole per asciugare la tua pelle.
Vorrei poter...
...essere una farfalla per posarmi sui tuoi capelli.
Vorrei poter...
...far parte dei tuoi ricordi e vivere per sempre nel tuo cuore.

Cronaca di una storia

Siamo stati insieme per tutta l'estate: tu eri innamorato...
...io no!
Ti ho preso in giro, ti ho fatto soffrire: non ti amavo...
...tu si!
Dopo un anno ti ho rivisto: ora io ti amo...
...e tu no!

Pioggia

Pioggia cadi inesorabile,cadi

Fredda,copiosa cadi

Ti guardo dalla finestra cadere

Fai tristezza ma porti ossigeno

Fai danni ma porti via lo smog

Fai paura ma porti vita alle piante

Sei indispensabile per i fiumi, i laghi e i ghiacciai.

Anima
anima che viaggi nella mia testa
mi porti consiglio o amarezza
mi porti pensieri poco carini o squarci di vita vissuta
anima mia tu sei venuta in un giorno ormai lontano
stai in silenzio e fammi pensare
non urlare lasciami andare
anima bella lasciami stare.

Cuore

Ho dato il mio cuore in cambio d'amore,

mi è tornato indietro rotto.

Ho dato il mio cuore in cambio di affetto,

mi è tornato indietro distrutto.

Ho tenuto il mio cuore in una gabbiano,

Ma stava male, voleva tornare ad amare,

Io gli dicevo che aveva sofferto molto,lui
che non aveva sofferto abbastanza.

L'ho fatto innamorare ed ora sta bene si
sente libero.

Minacciosa

L'aria fuori minaccia pioggia.

L'aria fuori minaccia uragani.

Il vento arriva da lontano ma non è un
vento strano,

Un vento cattivo, un vento impetuoso si

sta battendo in questo luogo.

La gente prega che non venga giù il mondo poiché ogni volta c'è un gran frastuono.

Minaccioso era e minaccioso sarà questo vento qua

Arriva da lontano ma di certo non porta grano ma ben si tronchi di albero tagliato, ad abbatter su macchine e case.

La gente prega ma per la natura non c'è preghiera quando vuol abbattersi in una bufera.

Mela

Mela di Eva o Adamo.

di Poseidone o Elèna.

Mela che si coglie dal ramo o da terra,

Mela rossa e succosa.

Mela di Bianca neve avvelenata, mela di fiabe di noi bambini.

Mela profumata, rossa come il sangue

buona come il miele.

Divino

Amor divino sei,

amor divin sarai,

Amor di cuore puro,

Amor che m'hai confuso,

Amor di poche righe,

Amor che m'hai illuso,

Amor che m'hai usato,

Amor che m'hai ucciso.

Ti perdono nel mio riposo o amor che di
ferir non volevi.

Pietra

Tu eri pietra quando io ero acqua,

Tu eri pietra quando io ero sole

Tu eri pietra quando io ero aria.

Due cose che si sfiorano ma non si
toccano.

Ti ho amato in silenzio mentre tu mi hai evitato.

Ti ho amato quando tu non guardavi.

Ti ho amato quando ti ho odiato.

Ti ho amato lasciandoti andare.

Indice:

- *Amore ti amo*
- *18 luglio*
- *Ti amo tanto che*
- *Ti amo così*
- *Amore d'estate*
- *Canto d'amore*
- *Le pagine del cuore*
- *Faro*
- *Ogni cosa respira di te*
- *20 anni*
- *Non dimenticarti*
- *Mio nonno*
- *Rosa*
- *Come dirti ti amo*
- *Sei*
- *Amore*
- *Soffio d'aria*

58

- *Pensiero*
- *Amore mio*
- *Amore finito*
- *Una stella*
- *Estate*
- *Ci sono*
- *Guerra*
- *Amo*
- *Fiocco*
- *Dolce sogno*
- *Un uomo*
- *Il mio pensiero*
- *Musica*
- *Un giorno di pioggia*
- *Bimba*
- *Buio*
- *Figlio mio*
- *Mia madre*
- *Terra*
- *Gabbiano*
- *Vivo nei sogni*
- *Amico mio*
- *Mi sveglio*
- *La vita*
- *Amicizia*
- *Arriva Natale*
- *Mi hai stracciato il cuore*
- *Il caos*
- *Silenzi*

- *Ghiaccio*
- *Brindisi*
- *Pasqua*
- *Vorrei*
- *Cronaca di una storia*
- *Pioggia*
- *Anima*
- *C sarò*
- *Cuore*
- *Minacciosa*
- *Mela*
- *Divino*
- *Pietra*

Ringraziamenti

Ringrazio mio marito, che mi ha aiutato in questa avventura.
Ringrazio chi mi ha inspirato.
Ringrazio tutti coloro che mi hanno aiutato.